AF250910

LES FRANÇAIS

AU

TON-KIN

L'ENSEIGNE DE VAISSEAU ADRIEN BALNY

PARIS

IMPRIMERIE JULES LE CLERE ET Cᵗᵉ

RUE CASSETTE, 29.

1875

LES FRANÇAIS

AU

TON-KIN

L'ENSEIGNE DE VAISSEAU ADRIEN BALNY

PARIS

IMPRIMERIE JULES LE CLERE ET Cie

RUE CASSETTE, 29.

—

1875

LES

FRANÇAIS AU TON-KIN

Il y a un an, deux officiers distingués de la marine française tombaient sous les coups des Annamites : c'étaient le lieutenant de vaisseau Francis Garnier et l'enseigne Adrien Balny. Le premier commandait l'expédition : c'était, disait le ministre de la marine, « un officier intelligent, dévoué, animé du patriotisme le plus ardent ». Le nom de M. Garnier demeurera inscrit dans nos fastes militaires, son éloge a été fait et le public le connaît : c'est lui qui déjà s'était distingué dans l'expédition du Mé-Kong sous les ordres de M. de Lagrée.

Son second a été laissé dans l'ombre. Ayant eu la bonne fortune d'avoir entre les mains les papiers et les lettres de M. Balny, il a paru intéressant de faire connaître ce qu'à vingt-quatre ans ce jeune officier avait déjà fait pour son pays.

Nous ne sommes pas à une époque où l'on puisse rester indifférents, à aucun point de vue, devant de telles expéditions. Elles rappellent ce qui fut de tout temps un des caractères distinctifs de notre race : l'amour des aventures joint à un courage téméraire. Il est bon de le mettre en lumière, par des types tels que l'enseigne Balny, au lendemain de ces désastres, après que nous avons vu les plus héroïques efforts impuissants contre le nombre.

Il est bon de montrer ces hommes qui s'élancent en avant sans considérer par combien on est suivi ni quel est le nombre des ennemis. Avec de tels soldats rompus à la discipline, fondus ensemble, que ne pourrait-on pas entreprendre? L'impossible les fascine, leur communique une puissance qui fait tout céder devant eux; ils sont fiers d'être une poignée à affronter des milliers d'ennemis, ils se jettent à leur rencontre, ils les arrêtent et parfois le succès vient couronner leur audace.

Adrien Balny est tombé victime de ce courage irréfléchi. Saluons sa mort glorieuse : il nous a montré que nous avons, malgré nos revers et notre mauvaise fortune, toujours les belles qualités guerrières de notre race.

Avant d'entrer dans le détail de l'expédition, que les papiers de M. Balny nous font connaître, il est utile de donner quelques notions sur le pays où se sont accomplis les faits, sur la nature des ennemis qu'il a eus à combattre et sur leur organisation militaire surtout, qui pourrait paraître étonnante chez des peuples à demi barbares.

Le Ton-Kin est la province septentrionale du royaume d'Annam : elle sert de frontière à ce royaume du côté de la Chine. C'est un pays bas et plat, arrosé par de nombreux cours d'eau dont le principal est le Sang-Koi ou fleuve Rouge, qui, coulant de l'est à l'ouest, vient se jeter dans le golfe du Ton-Kin : c'est à l'exploration des rives et au relevé du cours de ce fleuve que se rattache principalement l'expédition que nous avons entrepris de mettre sous les yeux du lecteur.

Les Annamites forment la population du Ton-Kin : au point de vue militaire, ils se battent bien quand ils se croient sûrs de repousser l'ennemi, mais, pour eux, lâcher pied, se disperser comme une volée d'oiseaux, n'est point un déshonneur : se sentant les plus faibles, ils trouvent tout simple d'esquiver les coups. Cependant les affaires de Tourane et de Saïgon en 1859 et 1860 ont montré qu'à l'occasion les Annamites peuvent non-seulement soutenir la lutte sans abri, mais encore venir la chercher : la fin de notre récit prouvera cette assertion.

De tout temps le Ton-Kin fut la province la plus indomptable et la plus remuante de l'empire, c'est de là que sont venus les différents et nombreux prétendants qui se sont succédé au trône pendant le siècle dernier, c'est de là aussi que vient la cause indirecte mais originaire de l'intervention française en Cochinchine. Autrefois l'empire d'Annam comprenait une partie du Cambodge, du Tsiampa, la Cochinchine, l'Annam et le Ton-Kin. En 1765, à la suite d'un soulèvement organisé dans le Ton-Kin par la famille des Taï-Sons, celle-ci s'empara du pouvoir, chassant et détruisant la famille régnante des Nguyen, originaire du sud. Un seul descendant de cette famille vaincue, le prince Nguyen-Ahn, échappa au massacre, recueilli par Mgr Pigneau de Behaine, évêque d'Adran et vicaire apostolique pour la Cochinchine : cet évêque convertit le prince au christianisme et plus tard appuya ses tentatives contre les usurpateurs. Les premiers essais ne réussirent pas; aussi le prince envoya-t-il en France son fils accompagné de l'évêque d'Adran muni de pleins pouvoirs pour conclure un traité d'amitié et de protection.

Le 28 novembre 1787 un traité fut conclu entre le roi Louis XVI et Nguyen-Ahn : le roi de France promettait vingt bâtiments de guerre, sept régiments, de l'argent et des munitions au prétendant annamite, qui en revanche donnait le territoire arrosé par le Han, la baie de Tourane, les îles de Kiam et de Faï-Fo au midi. La révolution qui éclata peu après fit malheureusement oublier le traité, et de tous les secours promis, vingt officiers français seulement, conduits par l'évêque d'Adran, arrivèrent au prince Nguyen-Ahn. Des prodiges d'habileté et d'audace permirent à Nguyen-Ahn de rentrer dans le Tsiampa; il s'empara de la capitale Saï-Song et fit son entrée entouré des officiers français, parmi lesquels on distinguait MM. Dayot, Vannier et Chaigneau.

Ces trois officiers entourèrent Saï-Song de fortifications, y établirent des fonderies de canon, créèrent des fabriques d'armes et instruisirent les troupes annamites, aidés de leurs camarades : voilà comment, dans le cours de notre récit, nous verrons M. le lieutenant Garnier mettre le siége devant la ville d'Ha-Noï, parfaitement garnie de redans, de bastions présentant un système de défense aussi complet qu'inattendu en de tels pays. A partir de cette époque, le succès du prince annamite s'affirma en 1797; il entrait à Hué, capitale de l'empire, était maître du Ton-Kin en 1802 et se faisait proclamer empereur d'Annam sous le nom de *Gia-Long*.

Nous ne voulons point retracer ici l'historique de notre conquête en Cochinchine, le public le connaît; mais cet exposé rapide était nécessaire pour expliquer les grandes et sérieuses difficultés que vont rencontrer nos explorateurs. Aujourd'hui la France possède six provinces de la Basse-Cochinchine et se trouve, comme nous allons le voir, dans l'intérêt même de sa colonie, obligée d'intervenir dans les affaires du royaume d'Annam.

En 1873 une mission scientifique s'était rendue au Cambodge sous les ordres du lieutenant de vaisseau Delaporte : elle devait, ses observations faites de ce côté, revenir toucher à Saïgon et se rembarquer pour le Ton-Kin, afin de relever le cours du Sang-Koi ou fleuve Rouge, qu'il était utile de connaître, au point de vue géographique d'abord et aussi dans un intérêt commercial. Les connaissances astronomiques et hydrographiques d'Adrien Balny l'avaient fait choisir par M. Delaporte pour être son second : aussi armait-on à Saïgon la canonnière *l'Espingole*, construite de façon à pouvoir remonter le cours des fleuves et dont il devait prendre le commandement.

Sur ces entrefaites, le lieutenant de vaisseau Francis Garnier reçut du gouverneur de la Cochinchine l'ordre de partir pour le Ton-Kin, afin d'y négocier des traités de commerce avec les gouverneurs de province et d'ouvrir à la navigation le Sang-Koi, des difficultés étant survenues entre les autorités locales et un négociant français dont on voulait empêcher les bateaux de circuler sur ce fleuve. Le jour où M. Garnier quittait Saïgon, sur la canonnière *l'Arc*, remorquée par le *d'Estrées*, M. Delaporte arrivait, mais quel retour !

Nous trouvons ici une lettre désespérée de M. Balny ; il avait impatiemment attendu le moment de son départ, brûlant du désir de se distinguer ; quel n'est pas son désappointement ! « M. Delaporte, écrit-il, revient malade, presque mourant ; le personnel de la mission en entier, à l'exception du docteur, est obligé d'entrer à l'hôpital ; jamais on ne vit de retour plus triste, c'était à fendre le cœur. » Puis il explique comment tombent ainsi ses plus chères espérances ; il avait un moment rêvé être utile : hélas ! la mission est désorganisée, elle n'existe plus, il n'en reste qu'un ingénieur hydrographe, un médecin naturaliste et lui chargé du commandement de la canonnière.

Cependant *l'Espingole* était prête, grâce à M. Delaporte, qui appréciait à leur valeur toutes les qualités de M. Balny ; ce dernier fut choisi pour aller rejoindre M. Garnier et représenter l'élément scientifique dans l'expédition.

Le 23 octobre 1873, *le Decrès* remorquant la canonnière *l'Espingole* quitte Saïgon pour aller rejoindre M. Garnier à l'embouchure du Sang-Koi : c'était par mer une route de trois cents lieues vers le nord. Ce départ console Balny ; comme tous les hommes d'un réel mérite, nous le trouvons préoccupé de se montrer digne de la position qu'il va occuper. « C'est, dit-il, un poste dans lequel j'espère me montrer à la hauteur de la situation ; je vais pendant quelques mois faire un rude métier, j'y gagnerai à défaut d'autre chose une instruction spéciale. »

La traversée fut longue et périlleuse, elle dura seize jours et un cyclone assaillit l'expédition. M. Balny se considère déjà comme heureux en cette circonstance d'avoir pu acquérir par sa conduite l'estime d'un chef et de collègues qui ne le connaissaient pas. Le temps continuant à être mauvais, *l'Espingole* fatiguait beaucoup *le Decrès* et gênait ses mouvements ; impatient d'agir de lui-même, le jeune enseigne demande au commandant la permission d'aller à bord de sa canonnière, d'appareiller et de faire son possible pour se réfugier plus près de terre par de moindres fonds. Après quelques hésitations, le commandant consent : à peine *l'Espingole* était-elle mouillée que commence un temps affreux ; un vent atroce, accompagné de pluie, souffle toute la nuit ; au matin, empêché par un accident d'appareiller, M. Balny voit son bateau poussé à la côte, il en est à cinq ou six mètres, il joue le tout pour le tout, il appareille à toute vapeur ; cette manœuvre réussit et il peut partir. Le temps continue à être pitoyable ; enfin, après de nombreuses péripéties, *l'Espingole* rejoint *le Decrès* et ils arrivent de conserve à l'embouchure du Sang-Koi, où ils retrouvent le *d'Estrées* : la canonnière est pleine d'eau, fatiguée, brisée, l'équipage du *d'Estrées* passe deux jours à la remettre en état, et de suite on la charge de vivres destinés à ravitailler le corps de M. Garnier, qui est déjà parti, remontant le fleuve avec des jonques.

Ici commence l'expédition ; aussi avec quelle émotion le jeune capitaine s'apprête-t-il à franchir l'entrée du fleuve ! M. Garnier et sa troupe sont partis depuis huit jours, il faut aller de suite lui porter des secours et des vivres. « Ma canonnière cale 3 mètres, dit-il dans une lettre datée de la baie de Cuo-Cam, pourrai-je trouver l'entrée, trouverai-je assez d'eau, ou bien vais-je m'échouer à peine entré, ou même en cherchant cette entrée, car la rade est remplie de bans et il n'y a pas de cartes ? » Après de nombreux doutes, de grandes craintes énoncées, le

caractère aventureux, brave et gaulois l'emporte : « A la grâce de
Dieu, dit-il, et à mon étoile ! j'ai pris mon parti. »

Ce sont là les paroles d'un marin, et une autre lettre écrite
devant Ha-Noï, le 19 novembre, nous apprend que l'*Espingole* a
bien effectué son voyage en deux jours. Les choses se sont gâtées :
l'expédition, toute pacifique à l'origine, prend le caractère belli-
queux : quatre-vingts hommes de la compagnie de débarquement et une grande canonnière de guerre ont été envoyés du
Decrès, et depuis huit jours M. Garnier fait lever des plans pour
une attaque qui doit mettre la ville de Ha-Noï et le vice-roi en
sa possession.

« C'est un des coups les plus hardis que l'on puisse concevoir
écrit M. Balny ; la forteresse a 1,500 mètres de côté, a quatre
côtés, 6 kilomètres de tour ; elle a été construite, il y a cent ans,
par des ingénieurs français ; dans cette forteresse se trouve toute
la cour du vice-roi, plus cinq à six mille hommes pour la défendre ; deux cents hommes à terre en tout ; réserve et garde du
camp retirées, il reste cent vingt hommes pour l'assaut et six
pièces de canon, voilà ce que nous avons. J'ai le commandement
supérieur de la rade, un officier vient me remplacer à bord de
l'*Espingole*, et j'embarque une heure avant l'action sur la grande
canonnière *le Scorpion*, pour diriger le tir de deux bateaux et le
commander. Je vais bombarder la moitié de la citadelle et trois
portes avec nos bateaux ; les autres à terre, commandés par
M. Garnier, attaqueront les deux autres portes ; si le coup réussit,
ce qui est fantastique, deux heures après je pars pour une autre
ville de quarante mille âmes, à 80 kilomètres d'ici, dans le sud
du fleuve, pour m'emparer de la citadelle et du gouvernement :
j'ai le commandement en chef avec, en plus de mon équipage,
vingt-huit hommes d'infanterie commandés par un sous-lieute-
nant : voilà avec quoi je dois m'emparer de la ville et prendre
le gouvernement : cela ressemble à un conte de fée, tout est
scrupuleusement exact... Il s'agit, dit-il plus loin, de frapper
tout le pays par la hardiesse de nos coups ; réussirons-nous ? Dieu
le veuille ! si tu reçois cette lettre, c'est que Ha-Noï au moins sera
pris ; le jour même, tandis que je vais d'un côté, aussitôt une
porte de la citadelle occupée, un officier avec soixante-dix hommes
part à une heure et demie de marche prendre une autre citadelle dans le nord, l'emporter et s'y retrancher. » M. Garnier

s'empara de la ville de Ha-Noï, une lettre du 21 novembre nous donne quelques détails.

« La citadelle a été prise, tel est le premier mot, prise en une heure, le gouverneur blessé d'un éclat d'obus, prisonnier avec l'envoyé de la cour de Hué. J'irai seulement dans quelques jours à Ton-Ly pour m'en emparer, je serai seul, mais avec de l'audace j'y arriverai. » Le doute n'entre pas un instant dans son esprit; son chef, M. Garnier, vient d'ailleurs de lui donner l'exemple.

A partir de ce moment, l'action est engagée, Balny est chef d'une expédition que M. Garnier l'envoie faire, il n'a plus le temps d'écrire. C'est grâce aux notes qu'a bien voulu nous communiquer M. le docteur Harmand, de la marine, que nous pouvons retracer fidèlement cette partie de l'expédition.

Le 23 novembre, surlendemain de la prise de Ha-Noï, le capitaine de l'*Espingole* recevait l'ordre de M. Garnier de partir avec son équipage et quinze hommes d'infanterie, commandés par le lieutenant de Trentinian. Cela ne sera pas une grosse affaire, lui dit M. Garnier, vous resterez au plus quatre jours absent. Balny devait descendre le fleuve jusqu'à Hong-Yen, s'aboucher avec les mandarins, gouverneurs de cette importante place forte, s'assurer de leurs dispositions à notre égard, relativement aux traités de commerce, à la destruction des barrages et à la juridiction nouvelle sur les étrangers résidant au Ton-Kin. De là, il devait visiter les barrages qui interrompaient la navigation dans l'arroyo de Thaï-Binh, qui se trouve à quelques milles de Hong-Yen : il fallait faire détruire ces barrages de gré ou de force, et, dans le cas où les mandarins de Hong-Yen se montreraient hostiles, enlever la place et prévenir aussitôt M. Garnier. Cela fait, M. Balny devait s'engager dans l'arroyo de Phu-Ly, qui met en communication les deux branches du Sang-Koï, qui se divise au nord de Ha-Noï, chasser d'une forteresse se trouvant à la jonction de l'arroyo et du fleuve les mandarins et soldats l'occupant, et attendre, en gardant le fort, la venue d'une garnison annamite que devait envoyer M. Garnier : tels étaient les ordres du chef de l'expédition; la garnison arrivée, M. Balny devait rentrer à Ha-Noï.

La tâche pouvait être fort simple ou hérissée de difficultés.

M. Balny montra une prudence qui n'est pas en désaccord avec la hardiesse et le courage, il s'entoura des conseils de gens plus habitués que lui aux mœurs des gens du pays et eut recours à la grande expérience du docteur Harmand, depuis longtemps habitué aux Annamites. Ces derniers veulent un adversaire fort, patient, rusé, toujours calme ; il est en outre très-important d'observer certaines règles d'étiquette très-compliquées : ce sont des choses que ne peut pas connaître un officier récemment arrivé et n'ayant eu que peu de rapports avec les indigènes.

L'*Espingole* partit de Ha-Noï le 23 novembre à quatre heures et demie du soir ; le lendemain, vers onze heures, elle arrivait devant Hong-Yen. En pareil cas, l'usage est que les mandarins viennent de suite faire visite à bord, apportant des présents; à midi, rien n'était apparu, c'était de mauvais augure. Le docteur Harmand s'offrit à partir en parlementaire, accompagné de quatre hommes bien armés; au premier coup de feu l'on devait venir à son secours. A son arrivée au fort, le docteur voit les remparts garnis de soldats, les artilleurs à leurs pièces, il fait demander à remettre une lettre au gouverneur en personne : celui-ci arrive tremblant. M. Harmand lui signifie que son supérieur (c'était le deuxième mandarin qui s'était présenté) ait à se présenter sans délai à bord ; si dans une heure il ne s'y trouve pas, la ville de Hong-Yen a tout à craindre. « Vous avez pris la grande citadelle de Ha-Noï, répondit tristement le mandarin, comment vous empêcher de prendre la nôtre? Nous irons voir votre capitaine. » M. Harmand remit au mandarin la lettre de M. Garnier et rentra à bord. A une heure et demie, les deux mandarins et toute leur suite arrivaient à bord : après avoir longuement causé avec eux, M. Balny les prévint qu'il allait leur rendre leur visite et apporter les proclamations préparées par M. Garnier, qui devaient être copiées et affichées. M. Balny et l'état-major de l'*Espingole* se rendirent donc au fort, et là toutes les conditions qu'il dicta furent acceptées : destruction des douanes et barrage, affichage des proclamations déclarant admis le nouveau régime commercial : les mandarins restent en fonctions sous notre juridiction, qui remplace celle de la cour de Hué.

Le soir, l'*Espingole* reçut la visite d'un curé indigène venant réclamer l'assistance des Français contre les pirates qui surgissent de tous côtés et rançonnent les chrétiens. Cet ecclésiastique par ses réclamations fait toucher du doigt le côté d'où viendront les difficultés : ces brigands renforcés des soldats débandés de Ha-Noï, seront l'écueil contre lequel se briseront les efforts de ces courageux officiers. Balny s'en préoccupait déjà; c'était le sujet de ses conversations avec MM. Harmand et de Trentinian. Déjà des bandés de pirates s'organisaient et allaient se ranger sous la bannière des ennemis jurés de notre pavillon, *les lettrés*. Sans offrir la bataille, elles infestaient le pays par petites troupes, et la situation de l'*Espingole* lui rendait impossibles des combats partiels, comme ceux devant résulter d'une poursuite à travers le pays.

Le 26 novembre M. Balny, après avoir fait tenir à M. Garnier le résultat des négociations de Hong-Yen, partit dans la yole à vapeur pour visiter des barrages récemment construits à l'entrée de l'arroyo de Thaï-Binh : après une demi-heure de navigation, il entrait dans le canal, et, au bout d'une heure et demie de marche, se trouvait arrêté entre deux forts défendus par des fossés, chausse-trapes, chevaux de frise en bambous et armés chacun d'une dizaine de petits canons. Par suite des ordres reçus de Hong-Yen, l'on commençait déjà à démolir le barrage : le canal devait donc être libre dans vingt-quatre heures. L'officier commandant les deux fortins vint recevoir le capitaine de l'*Espingole*, lui offrit à déjeuner dans sa maison, en lui assurant qu'il a reçu des ordres pour évacuer les deux fortins et rentrer à Hong-Yen aussitôt le passage de l'arroyo rétabli.

M. Balny retourne à bord. Dans le trajet il aperçoit des tourbillons de fumée s'élevant derrière les rideaux de bambous des villages : ce sont les pirates qui signalent leur passage, et bientôt se donneront une apparence de patriotes et de vengeurs. Le docteur Harmand insiste vivement auprès du capitaine pour avoir quelques hommes et aller leur donner la chasse : n'ayant pas d'ordres, songeant au programme qu'il doit remplir, Balny refuse; néanmoins il écrit ces détails à M. Garnier, en le prévenant que, conformément à ses ordres, il sera à Phu-Ly le lendemain matin 6 novembre.

On se rappelle que les ordres de M. Garnier étaient de s'emparer quand même de Phu-Ly, d'y installer un gouverneur et un administrateur des greniers. Stratégiquement cette forteresse de Phu-Ly est assez importante : elle se trouve sur un canal que doivent suivre forcément toutes les troupes et tous les impédiments d'une armée annamite venant de Hué à Ha-Noï au cas d'insurrection : plus fortifiée que les préfectures ordinaires, elle est rangée par les annamites dans la classe des places appelées *thanh* : il s'y trouve toujours de grands approvisionnements de riz, de sel et de denrées de première nécessité aux indigènes : de plus la position au confluent du canal, qui met en communication les deux branches du Sang-Koi, lui permettait d'en interdire absolument l'entrée : toutes ces circonstances rendaient pour M. Garnier la possession de Phu-Ly absolument indispensable.

Le 26 novembre de grand matin, M. Balny faisait appareiller, et bientôt l'*Espingole* entrait dans l'arroyo profond, sinueux, aux rives peuplées de villages de très-riche apparence. MM. le docteur Harmand et de Trentinian font le levé sommaire de l'arroyo, pendant que M. Balny dirige la manœuvre. A neuf heures du matin, ils arrivent devant Phu-Ly. Malgré l'impatience générale, le jeune capitaine donne ses ordres en cas de résistance, fait manger son monde, l'embarque en canot, prend terre et traverse avec la troupe le quai et une rue remplie d'indigènes d'apparence sympathique. Arrivé à une longue rue qui conduit à la porte du fort, il voit sur les remparts les soldats annamites et les artilleurs à leurs pièces, continuant sa marche vers le fort en faisant abriter ses hommes sous les verandahs des maisons, M. Balny parvient ainsi dans le plus grand ordre jusqu'à la porte du fort : elle est fermée et barricadée : il fait de suite crier par son interprète qu'il veut bien donner dix minutes au phu (préfet) pour ouvrir les portes : ce temps écoulé, l'attaque commencera. Au bout de dix minutes exactement, n'ayant pas de réponse, M. Balny se précipite sur le fort, à la tête de ses hommes ; il escalade les remparts, qui étaient en terre et mal entretenus, et, après quelques coups de fusil échangés, il est maître du fort ; il fallait un exemple, et le petit nombre des assaillants nécessitait une rigueur indispensable ; le feu fut continué et son crépitement sur les murailles faisait croire aux fuyards et aux populations que la troupe se composait de plusieurs centaines d'hommes : ils étaient à peine trente.

L'on trouva dans le fort pour une somme de trois cent mille francs de riz, le trésor renfermait quarante mille francs en ligatures de sapèques ; l'armement se composait de vingt pierriers, cinq pièces de huit, une pièce de douze et une soixantaine de fusils seulement. Laissant MM. Harmand et de Trentinian avec quinze hommes dans l'enceinte des greniers et du trésor,

M. Balny retourna à bord, puis revint dans la journée installer un nouveau préfet et l'administrateur des greniers ; il fit convoquer les maires et chefs de cantons, leur communiqua ses ordres et les assura de notre désir de vivre en paix. Le service de garde fut rigoureusement installé, la nuit fut tranquille.

Le 27 novembre, M. Balny reçoit la visite de deux missionnaires, les PP. Matheron et Bonfils : le premier, habitant le pays depuis longtemps, était parfaitement au courant des habitudes ; il donna divers conseils, entre autres celui de rendre les chefs de canton responsables des désordres qui se produiraient dans leur arrondissement. Le jeune capitaine hésitait beaucoup à suivre cette voie, c'était faire éclater notre impuissance aux yeux de tous, mais le petit nombre de la troupe et l'étendue du pays qu'il venait de conquérir la lui firent adopter.

Les 28, 29 et 30 novembre se passèrent à observer et à attendre la garnison qui devait relever M. Balny de son poste, et qui, d'après les lettres de M. Garnier, était en route et n'arrivait pas. Enfin, le 1er décembre, le général Van-Ba, notre allié, fit son entrée à Phu-Ly, avec cinq ou six cents hommes bien armés, dont M. Garnier lui avait confié le commandement à Ha-Noï. Tous ces soldats étaient chrétiens ; cette circonstance, aux yeux des indigènes, transformait en une intervention religieuse le but purement commercial de l'expédition. Ce général Van-Ba était un homme brave, déterminé, mais déplorable capitaine ; auss Balny passa-t-il la journée du 1er décembre, aidé par M. de Trentinian, à dresser un peu cette troupe et à lui indiquer les précautions indispensables pour ne pas se laisser surprendre. Quant au nouveau gouverneur, timoré et poltron, on dut aller jusqu'aux menaces pour lui donner une contenance.

Se tenant en relations constantes avec son chef M. Garnier, M. Balny le prévint du commencement de résistance qui chaque jour s'organisait plus sérieusement dans le sud, et dont le centre était la citadelle de Ninh-Binh, bâtie sur un rocher à pic, surplombant le fleuve et très-forte au dire des missionnaires. Il demanda donc l'ordre d'aller l'attaquer et de détruire un barrage en pierre que les Annamites commençaient à construire entre Phu-Ly et Ninh-Binh, quand l'ordre de se rendre à Haï-Dzuong lui arriva. M. Garnier ne connut les renseignements envoyés sur Nin-Binh qu'après le départ de la dépêche portant l'ordre de se rendre à Haï-Dzuoug. Au reçu de ces renseignements, il envoya de suite une chaloupe à vapeur porter au capitaine de l'*Espingole* l'ordre d'aller se rendre compte de ce qu'il y avait à faire à Ninh-Binh : la chaloupe, montée par huit hommes et commandée par l'aspirant Hautefeuille, arriva trop tard, l'*Espingole* était partie depuis deux heures au reçu des ordres formels de Garnier de se diriger sur Haï-Dzuong.

Telle est la première partie de l'expédition dirigée par Balny : en dix jours il s'était rendu maître de deux forts, d'une ville fortifiée, avait installé le gouvernement sur de nouvelles bases, tout en se rendant compte des difficultés à venir et les signalant à son chef. Nous arrivons à la seconde partie de la mission, comme il le dit lui-même dans une note adressée à M. Garnier. Il trouvera là des difficultés plus grandes, il se verra placé entre l'honneur de son pavillon à faire respecter et un effort désespéré à tenter : il n'hésitera pas, et sa présence d'esprit, son courage froid et raisonné le feront réussir une fois encore.

Le 2 décembre, à six heures et demie du matin, l'*Espingole* partait pour Haï-Dzuong, non sans regret de la part de son capitaine de laisser derrière lui Ninh-Binh, où de sérieux travaux de défense s'organisaient; mais ses instructions étaient formelles. Sa mission à Haï-Dzuong avait un double but, reconnaître si le passage du fleuve était libre et praticable, et s'assurer des dispositions amicales du gouverneur de cette province. Je puis maintenant laisser parler M. Balny, son langage simple et précis fera mieux que tous les développements comprendre ses actes.

« Le premier but atteint (reconnaissance du fleuve), écrit-il à M. Garnier, j'échouai dans le second contre ses prévisions et mes espérances. Parti à six heures et demie, je débouchai à dix heures dans le Sang-Koï ou rivière de Ha-Noï devant Hong-Yen, et, sans m'arrêter, je descendis le fleuve jusqu'à l'entrée du canal de Thaï-Binh. A onze heures, j'entrai dans ce canal que j'avais déjà sondé jusqu'au barrage, où j'arrivai à une heure. Depuis cet endroit jusqu'au barrage, le canal est étroit, facile, mais peu profond; les fonds varient de trois à quatre mètres, rarement plus en suivant le chenal. Je trouvai le barrage à peu près dans le même état qu'à ma première visite et je le franchis sans difficulté. Les forts qui surveillaient ce barrage venaient d'être abandonnés, et je rencontrai sur ma route le capitaine annamite retournant avec armes et bagages à Hong-Yen. Je le chargeai de la lettre que vous m'aviez envoyée par le gouverneur de cette province, soumise au dernier passage de l'*Espingole*. Je m'étais arrêté pour prendre un pilote et à une heure je continuai ma route en descendant le canal.

A trois heures, en arrivant à Tuan-Chan, j'aperçus un nouveau barrage dont je ne soupçonnais pas l'existence et qui paraissait avoir de bien plus grandes proportions que le premier. En approchant, je crus reconnaître que, comme plus haut, une passe étroite était libre. Cependant l'apparence hostile du fort dont les portes se refermèrent et la fuite de tout le monde à notre approche me décidèrent à mouiller et à toucher le barrage sans le franchir, et, pendant que j'envoyais pour sonder, je descendis à terre avec quatre hommes armés, et j'allai droit au fort. Les hommes étaient à leurs pièces, la porte fermée, et je fus obligé d'employer presque la force pour me faire ouvrir. L'officier qui se présenta répondit que le barrage, au lieu d'être en construction, était en démolition depuis la prise de Ha-Noï; que, du reste, arrivé depuis six jours seulement à Nam-Dinh, il n'avait rien été fait. Je constatai d'ailleurs que les pieux rassemblés sur le rivage paraissaient avoir séjourné dans l'eau et en avoir été récemment arrachés; mais de gros blocs de pierre qui étaient là à côté semblaient tous prêts à être mis en place. Sans éclaircir le fait, et remettant à mon retour l'examen de cette question, je laissai le capitaine, lui faisant force recommandations, et retournai à bord; j'appareillai, et, franchissant facilement le barrage, à cinq heures et demie, je donnai dans la rivière de Haï-Dzuong.

La seconde partie de ce canal, à partir du premier barrage, est plus belle; le lit est plus large, les fonds plus grands, quatre, cinq et six mètres, certains coudes cependant un peu violents. Un seul endroit est peu profond, pendant deux cents mètres environ, à mi-chemin entre le deuxième barrage et la rivière de Haï-Dzuong : je n'y ai trouvé que trois mètres et deux mètres quatre-vingts. C'est cet endroit qui m'avait été signalé à mon départ comme impraticable; peut-être, en effet, à marée basse le fond est-il insuffisant. Au moment où j'ai passé, nous devions être à mi-marée. Je continuai ma route, en remontant à Haï-Dzuong par des fonds très-grands, et, comme la lune était levée avant le coucher du soleil, je mouillai à sept heures et demie en présence de l'hésitation du pilote. Je ne savais plus à quelle distance j'étais d'Haï-Dzuong, mais on m'affirmait qu'en une demi-heure le lendemain j'y serais. Le lendemain 3 décembre, j'appareillai à six heures quarante-cinq minutes et je n'arrivai devant les passes d'Haï-Dzuong qu'à neuf heures. Je me rappelai qu'un mois avant j'avais trouvé des fonds de trois mètres dans cette passe : les eaux étaient plus hautes qu'à cette époque, et mon pilote indiquant sans hésitation une autre passe, je n'hésitai pas à y donner, mais à quinze cents mètres environ des estacades, ces fonds diminuèrent sensiblement, et avant d'avoir pu manœuvrer, j'étais échoué par un mètre trente centimètres. Je pus me dégager; je tentai le passage à droite et à gauche, sans succès ; je me décidai alors à retourner en arrière et à mouiller aussitôt que j'aurais un fond convenable.

Je fis chauffer de suite la yole à vapeur et priai M. de Trentinian, accompagné de quatre hommes, d'aller de ma part porter la lettre au gouverneur, de s'assurer de ses dispositions, et dans le cas où elles seraient amicales de lui dire, comme à Hong-Yen, que la seule preuve que j'en demandais était qu'il vînt me faire visite, pour que nous puissions bien nous entendre sur la façon dont les traités de commerce devaient être exécutés. J'espérais que tout irait bien et je comptais repartir le soir même : cependant, en attendant la réponse de M. de Trentinian j'allai sonder, je reconnus la passe impraticable, j'en sondai une autre, celle que j'avais prise autrefois : je n'y trouvai que deux mètres et un mètre quatre-vingts, fond assez bon pendant trois cents mètres environ ; la mer baissait toujours, je devais renoncer pour ce jour là au moins à tenter le passage.

Si les choses allaient bien, je n'avais aucun intérêt à tenter un passage qui n'eût plus été possible une heure après et eût empêché mon départ le soir même. Cependant je regrettai vivement ce contre-temps, car l'impossibilité dans laquelle je me trouvais d'approcher de la ville n'avait certainement pas échappé au gouverneur d'Haï-Dzuong, et, tout en n'espérant avoir que des relations amicales, notre éloignement pouvait modifier un peu lesdispositions des autorités, en nous enlevant l'appui moral d'une intervention immédiate en cas de mauvaises intentions.

Parti à dix heures et demie, M. de Tentinian ne revint qu'à midi et demi au moment où je commençais à m'alarmer d'une si longue absence. Le premier mot qu'on lui avait dit confirma mes appréhensions sur le mauvais effet de notre éloignement. Il avait été reçu le sourire aux lèvres, mais avec cette insolence polie, particulière aux Annamites laissant voir sous

des dehors aimables qu'affectait le gouverneur, le sentiment de
sa force et le peu d'effet de notre présence à une telle distance.
Il acceptait les paroles de paix qu'on venait lui apporter, était
toujours disposé à admettre les conditions du traité de commerce,
mais il lui était impossible de venir à bord : M. de Trentinian
insista en vain sur les conséquences d'une pareille obstination, il
fut éconduit. Cet officier teminait son rapport en indiquant les
changements considérables qui s'étaient faits dans la citadelle
depuis un mois, où une série de travaux de défense, tout fraîche-
ment faits, ne laissait aucun doute sur les sentiments qui avaient
dicté la conduite du gouverneur.

Cette attitude imprévue me rendit très-perplexe. D'une part
ma mission n'était nullement remplie, si je partais sur cette
réponse ; de l'autre, les renseignemnts que j'avais sur la citadelle
qui depuis s'était mise sur la défensive ,devaient me faire réfléchir à la faiblesse de mes moyens.

Une circonstance me décida : M. de Trentinian me quittait à
peine qu'un officier annamite de grade inférieur m'accosta,
apportant quelques œufs et des fruits. Cet officier, copiant les
manières de son chef, m'annonça, le sourire aux lèvres, qu'il était
envoyé par le gouverneur pour me présenter ses compliments,
m'apporter ses présents et me dire que je n'avais pas à compter
sur sa visite, la loi Annamite s'y opposant. Une telle réponse,
envoyée par un messager semblable, ne laissait aucun doute sur
les intentions du gouverneur. Je refusai ces présents ridicules :
« Le gouverneur connaît mes dispositions amicales, ajoutai-je, et
M. de Trentinian lui a suffisamment expliqué que sa visite à bord
m'est absolument indispensable pour me convaincre de ses bonnes
intentions. J'annonçai que j'attendrais cette visite jusqu'à trois
heures, que je la désirais vivement, mais que, si à trois heures il
n'était pas venu, je serais forcé de voir en lui un ennemi et de le
traiter comme tel. L'officier partit le même sourire aux lèvres.
Quant à moi, préoccupé de la voie dans laquelle je venais de
m'engager et désireux d'appuyer mes paroles par un effet, je
donnai ordre de pointer la pièce de l'avant sur la tour, de prendre
des armes, et je retournai dans la yole, décidé à tenter immédiatement le passage s'il était possible.

Je rentrai à bord désappointé : il ne fallait plus songer à passer,
la sonde avait donné 1 m. 60 à plusieurs reprises, et l'*Espingole*
ne cale pas moins de 1 m. 90. Il était trois heures moins le quart

quand je rentrai à bord, et aucun mouvement ne semblait indiquer
que le gouverneur eût changé d'avis ; les forts de la rade s'étaient
au contraire garnis de soldats et pavoisés. Jugeant la circonstance grave, je réunis MM. de Trentinian et Harmand dans ma
chambre leur lus tout au long mes instructions, et demandai leur
avis en posant la question suivante : « Pensez-vous que, sous peine
de voir fortement ébranler notre autorité et notre prestige, nous
devions agir ? — Réponse : Oui — C'est aussi mon avis, ajoutai-je,
quoique le parti soit grave. » Je fais faire le branle-bas pointer la
pièce sur la tour à dix encâblures et à trois heures cinq minutes
je commande le feu. Les trois premiers coups servent à rectifier le
tir ; j'en fais tirer sept autres à douze encâblures ; le tir est parfait,
la tour est touchée, ainsi que les maisons qui l'environnent. Au
dixième coup je cesse le feu. Ce tir avait pour but de faire cons-
tater notre puissance et de donner à réfléchir au mandarin gouverneur. J'espérais ébranler sa confiance en lui et arriver à une
solution que je souhaitais très-ardemment.

Aussitôt le feu cessé, je partis dans la yole à vapeur avec une
dizaine d'hommes armés dans une embarcation à la remorque et
je m'approchai du fort en demandant à parlementer. On m'envoya un caporal. Je chargeai cet homme, à défaut d'autre, d'aller
dire au gouverneur que, tout disposé à traiter, je l'attendais à
bord, lui donnant juqu'à six heures pour se présenter : quant
à ma façon d'agir, j'avais simplement tenu à lui montrer combien,
quoique bien éloigné, il n'était possible de lui faire beaucoup de
mal. Le jour tombait, je rentrai à bord remorqué à grand'peine
par la yole.

A six heures et demie, le chef de la congrégation chinoise se
présenta de la part du gouverneur, demandant quelles étaient nos
conditions pour ne plus tirer le canon. Le tir avait fait grand
effet. Je répondis à celui-ci que nos conditions n'avaient pas
changé : je demandais une satisfaction, la visite du gouverneur.
J'ajoutai que je ne pouvais comprendre une telle obstination à refu-
ser une chose aussi simple qui pouvait éviter de grands malheurs.
Je le priai de bien faire comprendre au gouverneur mon ardent
désir de voir une solution rapide et pacifique à tout cela, de l'assurer de nos parfaites intentions d'amitié, mais que désormais je
considérais l'honneur du pavillon comme engagé, et si la satisfaction ne m'était pas donnée, je saurais remplir mon devoir et faire
respecter le drapeau français. Le chef de la congrégation chinoise

parut ne point douter que tout allait s'arranger pour ménager
l'amour-propre du gouverneur; je reculai la limite et lui donnai
jusqu'au lendemain sept heures du matin pour se présenter.

Cette ouverture du mandarin gouverneur me donna les plus
vives espérances et je ne doutais pas que le lendemain la visite
ne fût faite. Cependant, pour n'être pas pris au dépourvu, je
fis toutes mes dispositions pour une attaque le lendemain et
décidai le soir avec les officiers que, si la visite n'était pas rendue,
je profiterais de la mer haute pour franchir la passe et mouiller
devant les forts de l'entrée aux postes de combat. A huit heures,
le feu serait ouvert sur les forts pendant que le détachement d'infanterie sous les ordres de M. de Trentinian et douze hommes
de l'*Espingole* embarqueraient et l'attaque des forts serait faite
sous mes ordres. Une fois les forts enlevés nous nous porterions
rapidement à une porte de la citadelle pour reconnaître si un
coup de main était possible et, dans le cas où cette besogne nous
paraîtrait au-dessus de nos forces, nous nous replierions dans les
forts pour régler le tir de l'*Espingole* sur la porte reconnue, et
après un bombardement et peut-être une brèche faite dans la
porte, l'assaut serait donné. La yole à vapeur devait aller au soir
dans la passe pour faire un dernier sondage. Je me couchai une
fois ces dispositions prises, mais tellement convaincu de leur inu-
tilité que je préparais une lettre pour vous (M. Garnier); je devais
la confier au mandarin gouverneur.

Les événements du lendemain furent peu en rapport avec mes
espérances. Au jour, une jonque vint à bord, j'étais prêt à recevoir le gouverneur, mais c'étaient des envoyés seulement, le Lonh-
Binh et un autre. Dès que je fus assuré de l'absence du gouverneur
il ne me restait rien à faire dire par ces envoyés. Cependant, vou-
lant épuiser tous les moyens, je leur signifiai d'avertir leur gouverneur d'avoir à me rendre sa visite avant huit heures : si à cette
heure satisfaction ne m'était donnée je commencerais les hostilités;
ils partirent de suite sans insister, sans répondre. La yole revint
une demi-heure après, la passe était praticable, je poussai les
feux, appareillai et vins mouiller à deux cent cinquante mètres
par le travers des forts, bien garnis de soldats.

Tout avait été préparé pour le débarquement pendant la route.
Aussitôt mouillé, le détachement commandé par M. de Trentinian,
douze hommes de l'équipage embarquèrent dans nos deux jonques
à la remorque de la yole à vapeur, à huit heures et demie, j'étais

prêt ; j'envoyai un coup de mitraille sur le fort, qui répondit à la seconde par sa bordée, qui passa heureusement par-dessus l'*Espingole*. J'avais eu raison de ne pas attendre, tout ayant été fait seulement pour gagner du temps. J'embarquai donc de suite avec les officiers et je poussai en donnant ordre de tirer par-dessus nos têtes pour protéger le débarquement. Les forts continuèrent à tirer jusqu'à ce que nous fussions à cinquante mètres environ, nos chassepots les firent évacuer et, en arrivant à terre, nous les trouvâmes abandonnés. Je renvoyai les embarcations que je ne pouvais garder, et, réunissant tout mon monde, je traversai le fort et, sans hésitation, me portai vers la citadelle, en chassant les fuyards devant moi.

A six cents mètres du fort, au bout d'une rue, je me trouvai devant la citadelle. A ce moment, nous fûmes salués d'un coup de canon de la porte du redan : toute la charge passa à cinquante mètres de nous en nous couvrant de poussière. Après une seconde d'hésitation, voyant que, malgré notre tir, on rechargeait les pièces nous nous portons au pas de course, en suivant le chemin dont un des ponts avait été enlevé précipitamment, jusqu'à la porte du redan, devant laquelle nous vînmes nous butter ; mais nous étions à l'abri des pièces du redan. La hache ne pût pratiquer qu'une petite trouée ; il ne fallait pas essayer d'escalader la porte, elle était hérisée de pointes de fer, sur lesquelles je me déchirai les mains ; heureusement les murs n'étaient pas très-hauts : en faisant la courte échelle et nous frayant à coups de sabre un passage entre les bambous en saillie des murailles, nous pûmes pénétrer dans le redan, dont tous les défenseurs disparurent à notre vue et nous nous portâmes rapidement à l'un des angles pour reconnaître la porte et nous réunir.

Nous nous trouvions en cet endroit battus par trois pièces du bastion opposé et la pièce de la porte. Les quatre pièces tirèrent presque en même temps sur notre petit groupe, sans atteindre un seul de nous. Nous ne pouvions rester ainsi exposés à ce feu, et la seule tactique était d'aller en avant, de profiter de la deuxième décharge pour franchir le pont battu par le tir naturel des pièces et nous abriter contre la porte de la citadelle. Nous étions tous réunis à l'angle du bastion. Le groupe d'officiers restant à découvert pour faire tirer, les hommes furent mis à l'abri derrière une maison pour supporter une décharge qui ne se fit pas longtemps attendre. Elle n'eut heureusement aucun effet sur nous.

Une partie des projectiles fit voler en éclats les parapets du pont. Aussitôt la décharge faite , il n'y avait plus à hésiter le pont fut rejoint au pas de course, et au moment où nous nous y engagions, le bastion gauche trop pressé lâcha là heureusement sa bordée, qui passa devant nous et dont les projectiles tombèrent à droite et à gauche du pont. Nous avions quelques secondes à nous, le pont fut franchi au pas de course et nous nous trouvâmes à la porte de la citadelle au moment où le bastion de droite qui avait rechargé, recommençait son feu.

Quelques hommes hésitant à franchir ce grand passage à découvert, je leur fis crier de rester. De là ils pouvaient mieux tirer sur les servants des pièces, qui rechargeaient malgré notre feu de mousqueterie.

Nous n'avions qu'une hache, pas de canons, pas d'échelles, et du reste les murs de la citadelle étaient trop élevés pour qu'on pût songer à les escalader, et une haie de bambous tressés, inclinée à 750 millimètres, débordait à peu près de deux mètres au-dessus du haut des murs, dissimulant les tireurs assiégés et rendant notre tir très-incertain. La porte était dure et résistait aux coups de hache; enfin un petit paneau fut arraché, mais la hache vint butter contre des gabions pleins de terre qui bouchaient complétement la porte. Notre position était critique. Arrêtés par un obstacle inattendu, battus à cent mètres par les cinq pièces des bastions qui, nous voyant sans défense et se sentant protégés par des maisonnettes contre nos balles, rechargeaient et rectifiaient leur tir sur notre petit groupe aggloméré près de la porte, nous aurions {dû être écrasés. Heureusement le sens du tir manque complétement aux Annamites; une seule décharge nous eût tous broyés : toutes passaient à quelques mètres de nous et tombaient dans l'eau, à nos pieds; quelques coups de fusil tirés maladroitement entre les bambous furent éteints par nos coups : une pluie de pierres et de briques tombait sur notre tête, elle nous fit quelque mal. Reconnaissant l'impossibilité d'enfoncer la porte, j'étais fort perplexe. A ce moment un homme, le nommé Gautherot, demanda à essayer l'escalade ; je n'eus pas donné un pareil ordre, je le laissai faire, mais les efforts de Gautherot furent impuissants. Devant cet essai, le docteur Harmand eut l'idée de tirer un coup de fusil sur un des barreaux de la porte ; le pied vola en éclats, un second coup déchaussa le barreau voisin, je m'accrochai à la brèche faite dans la porte, je me hissai jusqu'aux barreaux que j'arrachai et me présentai par cette ouverture, le revolver à la main. Cinq hommes étaient sous la porte avec des fusils; à ma vue ils hésitèrent. Je fis feu sur l'un d'eux; mon revolver rata, mais ce mouvement les détermina à tourner les talons, se retranchant à droite ou à gauche, si bien que, mon second coup armé, je n'avais plus de cible.

A ce moment la citadelle était prise. Un homme me suivit, puis un autre; je m'avançai à découvert de la porte, tout le monde fuyait; les pièces qui avaient tiré avec tant d'acharnement étaient abandonnées précipitamment. Je n'en pouvais croire mes yeux après une résistance aussi réelle, qui devait être si meurtrière jusqu'au dernier moment! Le seul fait d'un homme se présentant au haut d'une porte, d'où un coup de lance l'eût rejeté facilement, était le signal de la déroute. Je m'attendais à une résistance dans la citadelle, je ne comptais en entrant que sur la possession d'une porte, tout en découlait. Malheureusement le passage ouvert était difficile et il fut impossible de nous lancer de suite en avant. Le docteur m'avait suivi. M. de Trentinian restait à l'extérieur pour faire fuir le monde. Quand nous eûmes quatre hommes, je priai le docteur d'en prendre deux, et de suivre les remparts d'un côté, pendant que avec les deux autres je me dirigeai de l'autre. Je trouvai tout abandonné, la porte Sud évacuée et tout le monde fuyant vers la porte faisant face à celle par laquelle nous étions entrés. Je m'y portai rapidement, traversant la cour du logement du gouverneur, constatant que la porte Sud était bouchée jusqu'au haut, et j'arrivai à la porte Ouest toute grande ouverte; je la franchis sur le dos des fuyards qui emportaient leurs armes pour évacuer le redan. Je ramenai des prisonniers, que j'employai à réparer cette porte, et je continuai le tir. Tout à coup je me trouvai en face d'une trentaine d'hommes avec leurs armes et du riz, arrivés trop tard pour s'enfuir avec les autres. J'étais seul à ce moment et très-isolé; sans hésiter, je courus à eux et l'effet de cette tactique fut parfait: tous les soldats jetèrent leurs armes, demandant grâce ou se sauvant dans les cases, sans songer un moment que le moindre mouvement de leur part m'eût mis dans la plus fâcheuse position. Je fus rejoint en ce moment par M. de Trentinian et le docteur, qui pas plus que moi n'avaient trouvé de résistance; le pavillon français flottait sur la tour.

Aussitôt laissant la citadelle sous la garde de M. de Trentinian, je partis avec six marins reconnaître le chemin qui nous avait menés dans la citadelle et dans les forts que notre petit nombre m'avait empêché de garder. J'appris, en arrivant à bord, que sur nos derrières ces forts avaient été réoccupés et le feu repris sur l'*Espingole*. Une embarcation avec quatre hommes les avait fait taire et les pièces avaient été enclouées. Après avoir réduit autant que possible le personnel de l'*Espingole*, je descendis à terre avec le reste pour organiser l'occupation de la citadelle.

En parcourant les remparts, je compris la hauteur du gouverneur : les défenses étaient telles qu'il pouvait se croire sûr de nous tenir tête. La citadelle est hexagonale; des courtines de trois cents mètres et des bastions de cent mètres de côté ; quatre portes, trois courtines consécutives, une autre au milieu de la courtine faisant face à la porte du milieu; devant chaque porte un grand redan avec une ou deux portes. Chaque porte était défendue par une pièce sur affût de campagne. Chaque redan était armé de six pièces de canon au moins battant un glacis très-étendu et entouré d'un double fossé; chaque bastion armé de deux à trois pièces à chaque angle, trois du côté des portes. Je ne comptai pas moins de quatre-vingts pièces de canon sur les remparts. Parmi les pièces, plusieurs en bronze et d'un modèle récent (1867); plusieurs canons de 30 et de 24 en fonte ; chaque pièce était approvisionnée de nombreux coups, et partout des mèches allumées. Trois portes étaient bouchées par des gabions de terre; une seule, donnant sur la campagne, était restée libre. La nuit avait été dure pour eux, et on avait peu dormi dans la citadelle. Certainement la prise d'une pareille citadelle, admirablement préparée à la défense et armée d'une façon aussi formidable, par vingt-huit hommes, peut passer pour un de ces coups de main les plus heureux qu'on ait tentés, et il est certain que, si j'avais su au juste ce que j'engageais, je n'aurais probablement pas essayé, considérant que l'attaque d'une citadelle dans ces conditions eût été une entreprise insensée.

Tout le monde a fait son devoir avec le plus grand dévouement, mais un rare bonheur nous a accompagnés; ce qui aurait dû nous perdre, notre petit nombre, nous a sauvés, un seul des nombreux coups de canon qu'on nous tirait pouvait nous anéantir, mais tout ce qui ne portait pas juste était perdu. L'attaque avait commencé à huit heures et demie, à dix heures la citadelle était à nous.

Mon premier soin fut d'envoyer prévenir la mission dominicaine, la chargeant de deux lettres pour vous, vous apprenant les événements et vous demandant des ordres. En revenant à la citadelle, je fis mander le chef de la congrégation chinoise et les autorités municipales de la ville. Ils s'empressèrent de venir. Je fis rédiger de suite une proclamation informant les habitants de nos intentions pacifiques; la prise de la citadelle n'avait été qu'un châtiment infligé à la mauvaise volonté et à l'insolence du mandarin-gouverneur; tout devait fonctionner comme avant : le travail devait être repris de suite sous la sauvegarde des autorités cantonales et municipales, que je rendais responsables de tout pillage et de tout désordre. Je remis également au Chinois copie des arrêts commerciaux, dont il fit faire plusieurs exemplaires qui furent affichés dans la ville à la grande satisfaction de tous. Je fis rédiger aussi et exposer une proclamation aux chefs de cantons, les informant de notre formelle intention de ne toucher en rien à leur autorité, mais au contraire de notre désir de nous en servir pour la paix générale dans la province, malgré la désorganisation résultant de la fuite probable des Phus (préfets) et des Huyens.

Vous savez combien peu j'étais outillé comme interprète, pour une pareille besogne; mais je comptais beaucoup sur le concours de Mgr Colomir, que j'avais prié de venir. Toutes ces mesures étaient indispensables pour rassurer la population et me permettre d'attendre des instructions que je pouvais avoir le 5 au soir.

Dans la soirée, le père dominicain Masso arriva; je le mis au courant de la situation et lui demandai conseil. Il m'assura qu'avant trois jours, si je ne recevais pas de renforts sérieux, je serais accablé par des troupes venant du Nord et du Sud. Sans accepter de suite des prévisions si graves, je résolus, dès le lendemain, de prendre toutes les précautions pour l'évacuation de la citadelle, dans des conditions telles que nous n'aurions pas à craindre de longtemps, si nous étions obligés d'abandonner une si belle prise.

La nuit fut calme, mais le service était accablant pour les hommes; cependant, je comptais bien tenir jusqu'à l'arrivée des renforts que l'on ne manquerait pas de m'envoyer. La journée du 5 fut employée sous la direction de M. de Trentinian à enclouer et démonter toutes les pièces, celles des remparts, celles des redans et celles des magasins, au nombre de cent et quelques. On mit quatre jours à cette besogne, malgré les quatre-vingts prisonniers employés. Plus de deux mille lances furent réunies au pied de la tour, quinze cents fusils dont deux cents à pistons et plusieurs rayés. Tout fut brûlé, excepté deux cents lances et soixante fusils, que je fis transporter au magasin près de la porte de communication. La porte Est fut bouchée hermétiquement et les redans encombrés, des maisons furent incendiées. Des armes étaient réunies dans ces maisons et les sentinelles étaient tenues en alerte continuelle par les gens qui s'y introduisaient pour prendre des armes et les emporter à l'extérieur.

Le 5 au soir, je reçus une lettre de Mgr Colomir me priant de ne pas agir sans ordre exprès. Je lui répondis qu'il était trop tard, que depuis la veille la citadelle était prise, que j'avais agi conformément à mes instructions et que j'en attendais de nouvelles. Je le priais de venir à Haï-Dzuong, le lendemain.

Monseigneur vint à bord de l'*Espingole*; je le priai, étant en communication avec les mandarins, de leur proposer un traité de paix; j'étais disposé à rendre la citadelle, mais après acceptation complète du traité de commerce dans toutes ses conséquences et dérivations, et de plus, comme satisfaction, la visite refusée me serait faite à bord de l'*Espingole*. Je lus le traité article par article, et il accepta de faire rechercher les mandarins et de le leur proposer. Monseigneur, que je quittai à onze heures du matin, rentra la nuit à la mission.

Le manque de nouvelles m'avait décidé à entrer en négociations. Le traité nous donnait toute garantie, et, en supposant qu'il aboutît, je rendrais, au lieu d'une citadelle formidable, une place sans artillerie, sans armes et incapable de se relever de plusieurs mois. Du reste, je vous écrivais vous informant de tout. Sans nouvelles, tout mon monde sur les dents, je devais prendre des dispositions telles que, si je n'avais pu être soutenu, je pusse me retirer la tête haute, en maître dictant mes conditions. Je me demandais avec anxiété si les intérêts qui me faisaient rester à Haï-Dzuong ne devaient pas être primés par d'autres plus forts qui m'appelaient à Ha-Noï.

Le 10, je sus par Mgr Colomir que Ninh-Binh était pris : on ne me disait pas que vous fussiez à Ha-Hoï, mais certains bruits me parlant de la prise de Nam-Dinh me firent admettre votre absence et me rassurèrent sur le silence qui m'entourait.

Mon premier soin avait été de m'assurer du concours des Trams, mais je ne pus jamais arriver à un résultat convenable. Les difficultés existaient au dehors du territoire de Haï-Dzuong, au relai de Ho-Trang. Depuis le jour de la prise, je ne cessai de recevoir toute la journée des visites accompagnées de présents : des maires, des chefs de canton chinois, propriétaires de toute la province, m'assuraient de leur dévouement aux Français et me remerciaient de les affranchir d'un joug qui leur pesait tant. Je fis répondre à tous que nous voulions là paix et l'ordre, que les autorités devaient être respectées comme autrefois, qu'à ces conditions ils pouvaient compter sur les Français qui ne les abandonneraient pas ou laisseraient derrière eux des chefs complétement convertis au nouvel état de choses.

Les Chinois vinrent me demander mille détails sur les impôts et la façon dont ils seraient payés. Je leur répondis d'une façon générale qu'ils pouvaient circuler dans tout le Ton-King, qu'aucun impôt ne serait payé aux Annamites, mais à Ha-Noï, au commandant français sur leur simple déclaration.

Plusieurs demandes furent faites pour laisser occuper les forts abandonnés par les mandarins. Après quelques renseignements pris, j'accordai mon cachet à six chefs, dont je pris les noms ainsi que le nom des forts qu'ils occupaient. Je leur permis de réunir des hommes pour occuper ces forts et de s'y défendre contre les pirates et pillards et de protéger le pays qui en dépendait. Toutefois je ne leur accordai pas le pavillon français.

On vint aussi me demander à réunir des hommes pour les amener à nos ordres, mais je ne savais pas assez le degré de confiance que me devaient inspirer de telles propositions : je refusai.

Sans nouvelles, je ne voulais pas aller à l'encontre de ce que vous auriez pu faire vous-même et je ne pouvais prendre de mesures plus radicales : je vous avais demandé un gouverneur, un administrateur et une garnison annamite, tout cela pouvait arriver d'un moment à l'autre.

Nous vécûmes ainsi jusqu'au 14, c'est-à-dire dix jours, ayant à garder la citadelle et la canonnière et à nous assurer des communications constantes. Je reçus des nouvelles de la mission; la recherche active qu'ils avaient organisée pour découvrir les mandarins avait échoué, mais ils ne désespéraient pas.

Un sujet dont je n'ai pas encore parlé ne laissait pas de m'inquiéter beaucoup. Des plaintes nombreuses m'étaient portées contre les pirates. Une bande de deux ou trois cents avec vingt et une jonques et de gros canons dévastait le pays dans la direction de Quang-Yen et au nord de Haï-Dzuong. Toute circulation était interrompue sur le fleuve, les yous-yous pillés, les hommes retenus prisonniers ou massacrés, et cela à deux heures à peine de Haï-Dzuong. Cette bande de pirates chinois était commandée par le général Ha-Hung, dont tout le monde prononçait le nom en tremblant. Je fis répondre que notre premier soin, aussitôt les affaires un peu organisées, serait d'aller détruire ces pirates, mais que les moyens dont je disposais en ce moment ne me permettaient pas d'agir immédiatement contre eux. Je promis une grosse récompense à qui m'en délivrerait.

Je redoublai la surveillance de la canonnière, mais toute la nuit on entendit le canon à petite distance et d'une façon presque continue. J'aurais désiré faire quelque chose contre eux, mais il eût fallu dégarnir la citadelle, et le moindre accident à la canonnière eût compromis le salut général. Je me bornai à nous garder.

Le 14, je reçus une lettre du général Ha-Hung me demandant de l'autoriser à s'emparer de Quang-Yen ; il affirmait qu'il se soumettrait ensuite aux Français. A cette lettre d'une audace inouïe, mais explicable par l'autorité dont jouit ce bandit dans le pays, je fis répondre que les Français ne traitaient pas avec les pirates, que lorsqu'ils les prenaient ils les pendaient. Cette démarche est de nature à vous éclairer sur le rôle joué dans le pays par ces bandits qu'il est de la première urgence d'anéantir. Du reste, les mandarins de Quang-Yen m'avaient fait dire, quelques jours auparavant, qu'ils étaient disposés à nous bien recevoir, si nous voulions leur donner la main contre les pirates.

J'avais eu tellement à faire que je n'avais pu trouver le temps d'établir un inventaire exact de ce que contiennent les magasins. J'ai prié M. de Trentinian de le faire. On peut évaluer à 250,000 ou 300,000 fr. la valeur du trésor en sapèques et 28,000 fr. en argent, que j'ai fait transporter sur l'*Espingole*. Il existait aussi d'immenses approvisionnements de poudre, salpêtre et projectiles de tout calibre : les poudres ont été noyées ainsi que le salpêtre. Les affûts de pièces et d'armement furent brûlés. En un mot, craignant dès les premiers jours d'avoir à évacuer la place et persuadé, du reste, que l'armement formidable de la citadelle ne servirait jamais que contre nous, j'avais donné ordre de tout détruire et de ne conserver que quelques armes réunies près de la porte de communication qui restait occupée. Quatre-vingts prisonniers servaient pour les corvées, plusieurs de ceux-ci furent mis en liberté sur les réclamations du chef de la congrégation des Chinois. Trente chrétiens nous avaient été envoyés pour nous servir : ils se livrèrent à un vrai pillage dans la citadelle, mais il ne fallait pas songer à les empêcher.

Toutes les nuits le service se partageait entre M. de Trentinian, moi et le docteur Harmand, que j'employai pendant tout ce temps comme officier.

C'est dans ces conditions, le 14 à onze heures, que je reçus votre lettre m'appelant à Nam-Dinh; en laissant à la garde de la citadelle le détachement sous les ordres de M. de Trentinian, si aucun danger militaire ne le menaçait, je le fis juge et il fut d'avis qu'il pouvait rester. L'occupation du Sud enlevait toute appréhension sur les dangers que je craignais avant. A deux heures la mer était haute, après avoir fait accumuler des vivres et des munitions devant la porte qui devait servir de porte de nuit, je quittai la citadelle en laissant aux maires et dans la ville des proclamations annonçant mon départ et l'occupation de la citadelle par un chef devant lequel les maires devaient se présenter tous les matins. Je prévins M. de Trentinian que, si des nouvelles du traité arrivaient, il eût à surseoir jusqu'à nouvel ordre. J'écrivis à Mgr Colomir, l'informant de mon départ; j'appareillai, et le lendemain 15 j'arrivai à Nam-Dinh. Les forts du canal avaient été abandonnés, les barrages restés tels quels, mais praticables. Le lendemain 16 à deux heures, nous arrivons à Ninh-Binh; le 17 nous repartons, nous mouillons à Phu-Ly, pour arriver en rade d'Ha-Noï à huit heures du soir.

En terminant M. Balny fait ce simple résumé : il avait été absent vingt-six jours : le 24 novembre, soumission de Hong-Yen; le 26, prise de Phu-Ly; le 4 décembre, prise de la citadelle d'Haï-Dzuong, destruction des barrages, évacuation de nombreux forts.

Il nous reste maintenant la tâche douloureuse de raconter le triste épisode où, après avoir affronté de si grands dangers et fait de si étonnantes choses, Balny devait trouver la mort.

A son passage à Nam-Dinh, Balny prit à son bord M. Garnier, que rappelaient des complications survenues à Ha-Noï, où ils arrivèrent le 18 décembre. Depuis plusieurs jours une bande de deux cents Chinois et Annamites rôdait autour de la ville ; la faible garnison restée dans la citadelle pouvait être attaquée d'un moment à l'autre, et il devenait urgent de ne pas se laisser surprendre, d'attaquer même l'ennemi pour l'éloigner. M. Garnier attendait un renfort de cent dix hommes d'infanterie qu'avait été chercher l'enseigne de vaisseau Esmez, capitaine de la canonnière *le Scorpion* ; ce renfort devait arriver le 23 à Ha-Noï.

Le 21 décembre, au matin, après avoir entendu la messe célébrée par Mgr Soyer, M. Garnier dit à son second qu'il regrettait de le voir souffrant ce jour-là (Balny avait une forte névralgie de la face), parce qu'il aurait fait une reconnaissance dans les environs, mais que ce serait pour le lendemain.

Une heure après l'on entendait les premiers coups de feu et à cent cinquante mètres de la citadelle l'on pouvait voir quinze cents ou deux mille Chinois et Annamites ; les quarante-cinq Français se précipitèrent sur les remparts et les forcèrent à se retirer. Garnier se décide alors à reprendre immédiatement l'offensive, et envoie Balny chercher huit hommes à bord de l'*Espingole*. Aussitôt le retour de ce dernier, la porte est débarricadée et ils sortent au nombre de trente-cinq environ ; Garnier prend le chemin de gauche avec dix hommes, Balny celui de droite avec le même nombre ; un sous-officier reste en arrière avec cinq ou six hommes et une pièce de canon.

A peu de distance des murailles, M. Garnier, qui comptait prendre l'ennemi à revers, occupé qu'il devait être par Balny, rencontra une forte haie de bambous derrière laquelle s'étaient arrêtés les bandits qui avaient fui à son approche ; c'est en la forçant qu'il trouva la mort.

De son côté Balny, à peine sorti de la citadelle, eut un petit engagement sur la route qu'il avait prise ; les bandits s'enfuirent. En fouillant les broussailles qui bordaient le chemin, un homme de l'*Espingole* tomba tout à coup et fut emporté par les Chinois ; plus loin l'on trouva le corps de ce malheureux privé de tête. Furieux, Balny crie vengeance ; il s'élance, poussant les fuyards devant lui, ignorant ce qui se passait du côté de M. Garnier ; il arrive à une digue éloignée de trois à quatre kilomètres de la citadelle, où plusieurs ouvrages en terre élevés de 1 m. ou 1 m. 50 avaient été construits par les assaillants et derrière lesquels ils venaient se masser. Malade comme nous l'avons dit, A. Balny avait la tête enveloppée ; cette circonstance, si petite en apparence, fut la cause de sa mort : il n'entendit pas les coups de feu qui se tiraient autour de lui; tout entier à l'ardeur de la poursuite, il précédait de beaucoup ses hommes; arrivé aux ouvrages en terre, au moment de les franchir il se retourna et se vit seul au milieu de nombreux ennemis; ne songeant qu'à ses hommes, il leur cria de battre en retraite. Alors commença une lutte affreuse, désespérée ; entouré de plus de deux cents ennemis, il se défendit avec son sabre, la seule arme qu'il eût; après une résistance de quelques moments, il tombait percé d'innombrables coups de lance. Les bandits s'acharnèrent sur son corps, sa belle tête fut tranchée, et ce n'est qu'après de longs pourparlers que l'on put rentrer en possession de ses restes. Un docteur qui l'accompagnait et qui dut son salut au revolver dont il était armé put revenir au fort, où il raconta ces horribles détails.

Que de tristesse ajoutée à cette mort si cruelle ! Que de poignants regrets de voir perdu ce jeune officier que son intelligence, sa bravoure eussent appelé à rendre de signalés services !

Elevé avec M. Balny, l'aimant d'une affection profonde, j'ai pensé utile de mettre au jour ces lettres si intéressantes, si simples et si vraies; c'est encore un soulagement à la douleur de voir justice rendue à ceux que leur bravoure et leur dévouement font tomber loin de nous, c'est aussi pour notre pays une consolation dans ses malheurs de savoir son pavillon porté si ferme et si haut.

Dans cette sortie malheureuse huit hommes furent blessés et cinq furent tués : le chef de la mission et son lieutenant; mais leur audace sauva les autres, les ennemis n'osèrent même pas poursuivre les blessés.

Les corps de ces deux officiers furent inhumés dans l'intérieur du réduit d'Ha-Noï, derrière un mur contigu à la pagode royale. Ils reposent aujourd'hui sur la terre qu'ils avaient si vaillamment conquise. Les Annamites ont promis le respect à ces tombes, et la garnison française veille à la stricte exécution de cette promesse.

Henri COTTU.

(6258) — PARIS. IMP. JULES LE CLERE ET Cie, RUE CASSETTE, 29.

BUREAUX ET ADMINISTRATION : RUE CASSETTE, 29.

LE CONTEMPORAIN

REVUE CATHOLIQUE

PARIS ET DÉPARTEMENTS. Un an. . . . **25** francs.
    »   »   Six mois. . . **15** francs.
ÉTRANGER. . . . . **30** francs.

Un numéro : 3 francs.

SOMMAIRE DE LA LIVRAISON DU 1er AOUT 1875.

LE

MESSAGER DE LA SEMAINE

JOURNAL DE TOUT LE MONDE

PUBLIÉ

Sous le patronage de M. le Vicomte DE MELUN

Publication spécialement approuvée par S. G. Mgr l'évêque d'Orléans.

Ce journal, illustré de charmantes gravures, paraît tous les Samedis

L'abonnement part du 1er de chaque mois.

PARIS ET DÉPARTEMENTS : Un an. . . . . . . **8** francs.

PARIS. — IMPRIMERIE JULES LE CLERE ET Cie, RUE CASSETTE, 29.